okul - school	2
seyahat - travel	5
ulaşım - transport	8
şehir - city	10
arazi - landscape	14
restoran - restaurant	17
süpermarket - supermarket	20
içecekler - drinks	22
yemek - food	23
çiftlik - farm	27
ev - house	31
oturma odası - living room	33
mutfak - kitchen	35
banyo - bathroom	38
çocuk odası - child's room	42
kıyafet - clothing	44
ofis - office	49
ekonomi - economy	51
meslekler - occupations	53
aletler - tools	56
müzik enstrümanı - musical instruments	57
hayvanat bahçesi - zoo	59
sporlar - sports	62
etkinlikler - activities	63
aile - family	67
vücut - body	68
hastane - hospital	72
acil - emergency	76
dünya - Earth	77
saat - clock	79
hafta - week	80
yıl - year	81
şekiller - shapes	83
renkler - colours	84
zıt anlamlılar - opposites	85
sayılar - numbers	88
diller - languages	90
kim / ne / nasıl - who / what / how	91
nerede - where	92

AF188310

Impressum
Verlag: BABADADA GmbH, Nedderfeld 112 , 22529 Hamburg
Geschäftsführer / Verlagsleitung: Harald Hof
Druck: Books on Demand GmbH, In de Tarpen 42, 22848 Norderstedt

Imprint
Publisher: BABADADA GmbH, Nedderfeld 112 , 22529 Hamburg, Germany
Managing Director / Publishing direction: Harald Hof
Print: Books on Demand GmbH, In de Tarpen 42, 22848 Norderstedt

okul
school

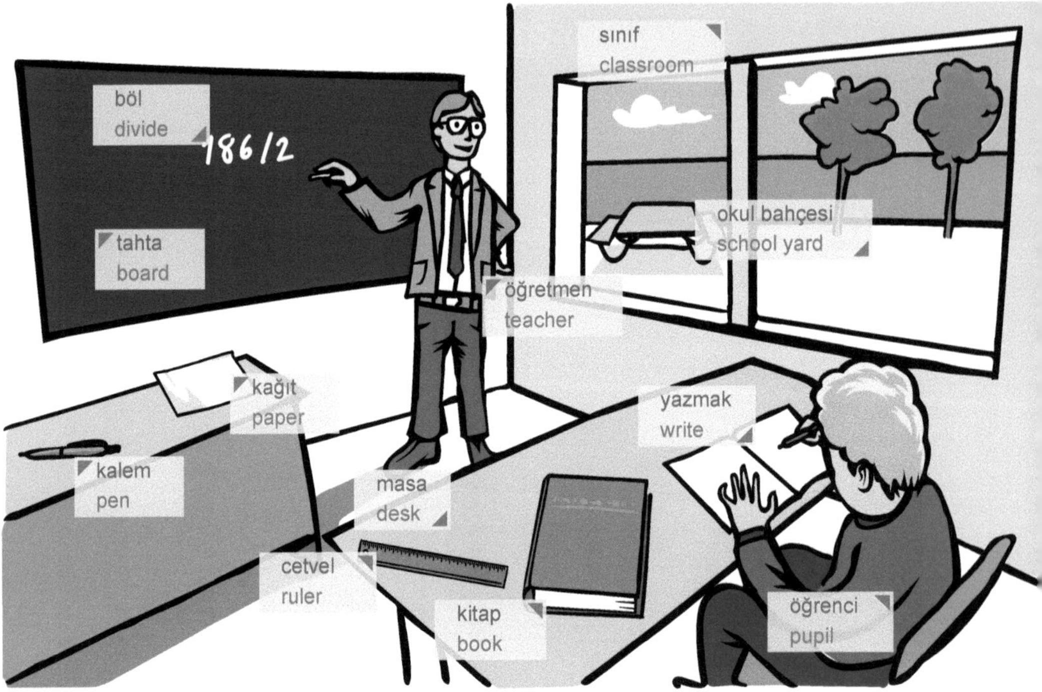
sınıf
classroom
böl
divide
186/2
okul bahçesi
school yard
tahta
board
öğretmen
teacher
kağıt
paper
yazmak
write
kalem
pen
masa
desk
cetvel
ruler
kitap
book
öğrenci
pupil

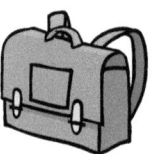

okul çantası

satchel

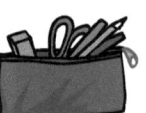

kalemlik

pencil case

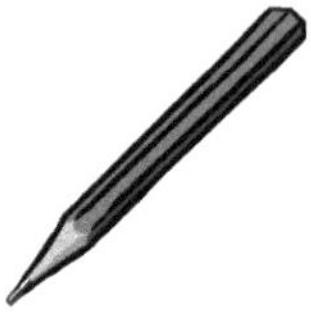

kurşun kalem

pencil

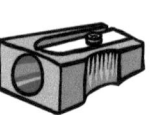

kalem açacağı

pencil sharpener

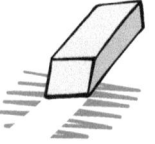

silgi

rubber

çizim defteri

drawing pad

çizim	**resim fırçası**	**boya kutusu**
drawing	paintbrush	paint box

makas	**tutkal**	**alıştırma kitabı**
scissors	glue	exercise book
	**12**	**2+2**
ödev	**sayı**	**ekle**
homework	number	add
5-2	**2×2**	
çıkar	**çarp**	**hesapla**
subtract	multiply	calculate
A	**ABCDEFG HIJKLMN OPQRSTU VWXYZ**	
harf	**alfabe**	**kelime**
letter	alphabet	word

metin

text

okumak

read

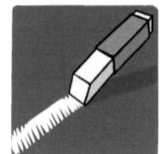

tebeşir

chalk

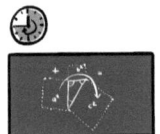

ders

lesson

kayıt

register

sınav

exam

sertifika

certificate

okul forması

school uniform

eğitim

education

ansiklopedi

encyclopedia

üniversite

university

mikroskop

microscope

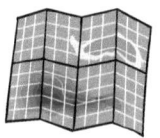

harita

map

kağıt çöp kutusu

waste-paper basket

seyahat
travel

Grand
otel
hotel
pansiyon
hostel
ROOMS
döviz bürosu
bureau de change
bavul
suitcase
otomobil
car

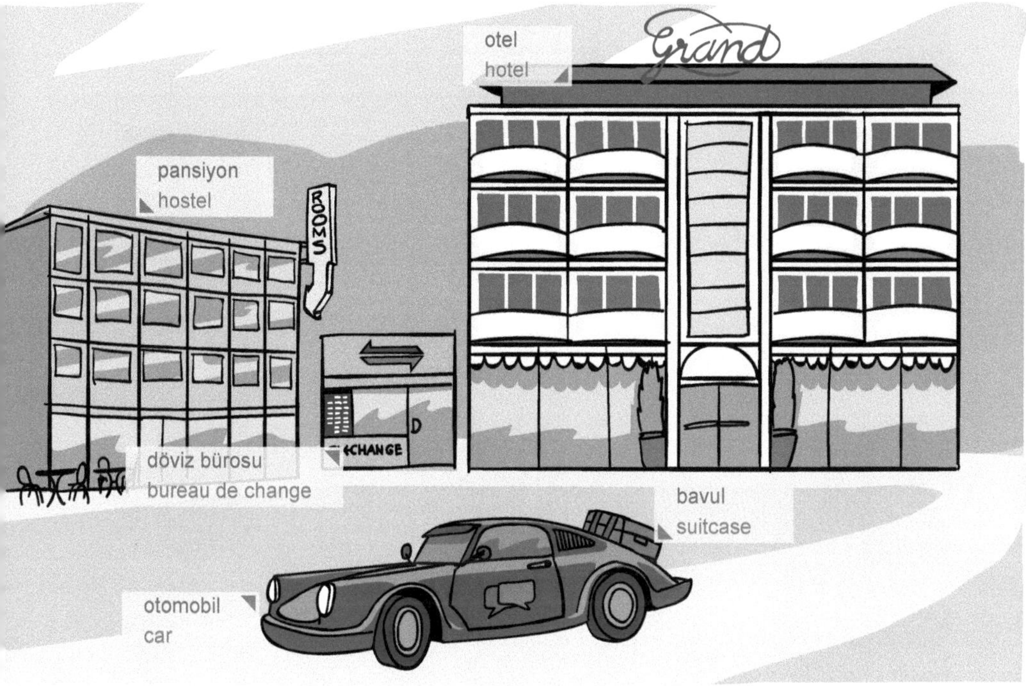

dil

language

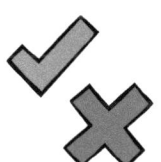

evet / hayır

yes / no

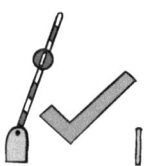

Tamam

Okay

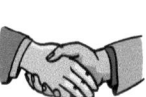

merhaba

hello

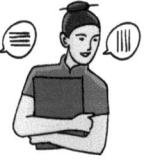

çevirmen

translator

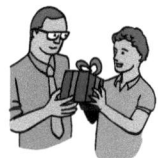

Teşekkür ederim

Thank you

bu … ne kadar?

how much is…?

anlamadım

I do not understand

problem

problem

İyi akşamlar!

Good evening!

Günaydın!

Good morning!

İyi geceler!

Good night!

güle güle

bye bye

yön

direction

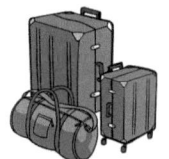

bagaj

luggage

çanta

bag

sırt çantası

backpack

misafir

guest

oda

room

uyku tulumu

sleeping bag

çadır

tent

turist danışma

tourist information

sahil

beach

kredi kartı

credit card

kahvaltı

breakfast

öğle yemeği

lunch

akşam yemeği

dinner

Bilet

ticket

asansör

lift

pul

stamp

sınır

border

gümrük

customs

elçilik

embassy

vize

visa

pasaport

passport

ulaşım

transport

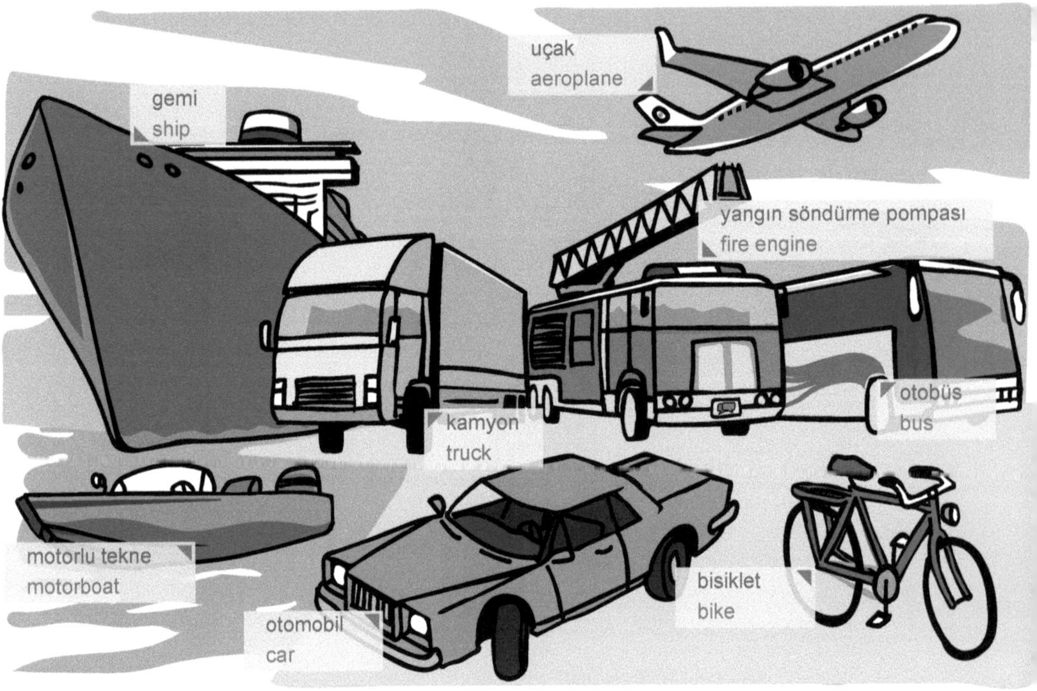

uçak
aeroplane
gemi
ship
yangın söndürme pompası
fire engine
otobüs
bus
kamyon
truck
motorlu tekne
motorboat
bisiklet
bike
otomobil
car

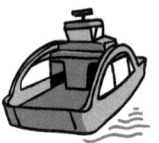

feribot

ferry

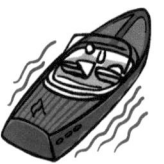

bot

boat

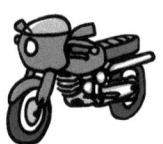

motosiklet

motorbike

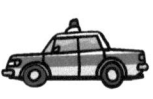

polis arabası

police car

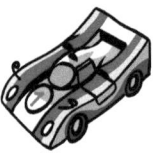

yarış arabası

racing car

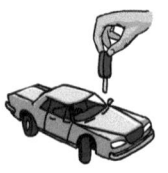

kiralık araba

rental car

ortak araba

car sharing

çekici

breakdown truck

çöp kamyonu

refuse truck

motor

motor

yakıt

fuel

benzinlik

petrol station

trafik işareti

traffic sign

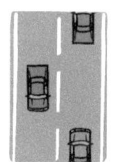

trafik

traffic

trafik sıkışıklığı

traffic jam

otopark

car park

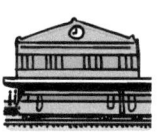

tren istasyonu

train station

ray

tracks

tren

train

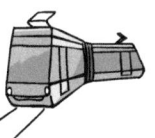

tramvay

tram

vagon

carriage

helikopter
helicopter

havaalanı
airport

kule
tower

yolcu
passenger

konteyner
container

koli
carton

yük arabası
cart

sepet
basket

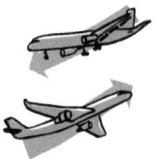

kalkış / iniş
take off / land

şehir
city

köy
village

şehir merkezi
city centre

ev
house

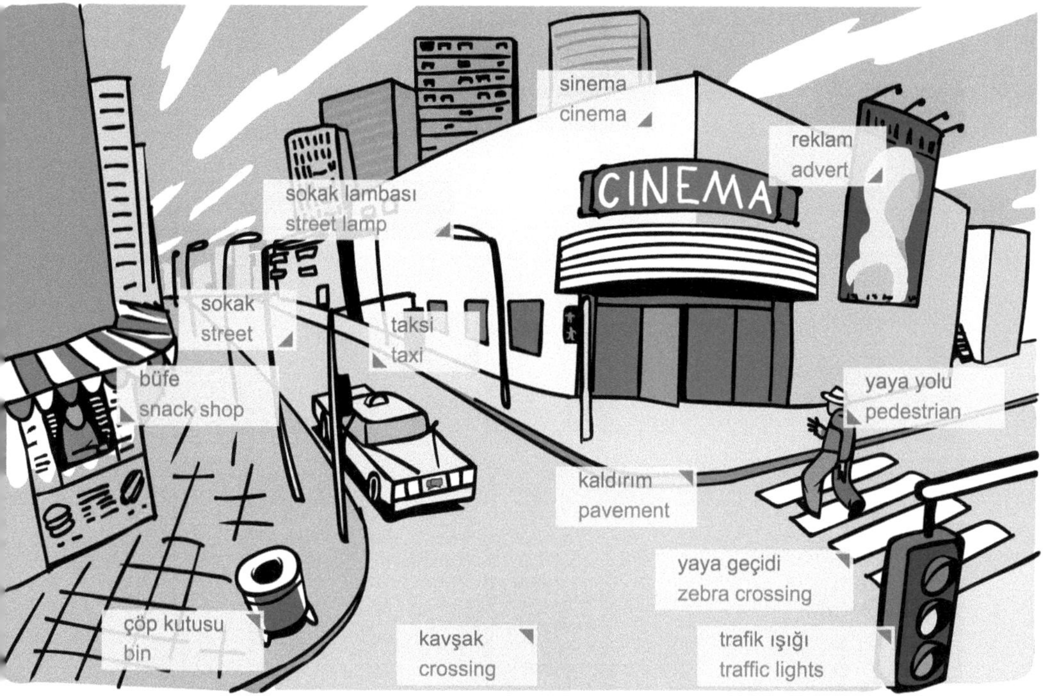

sinema
cinema

reklam
advert

sokak lambası
street lamp

sokak
street

taksi
taxi

büfe
snack shop

CINEMA

yaya yolu
pedestrian

kaldırım
pavement

yaya geçidi
zebra crossing

çöp kutusu
bin

kavşak
crossing

trafik ışığı
traffic lights

kulübe
....
hut

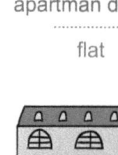

apartman dairesi
....
flat

tren istasyonu
....
train station

belediye binası
....
town hall

müze
....
museum

okul
....
school

üniversite
university

banka
bank

hastane
hospital

otel
hotel

eczane
pharmacy

ofis
office

kitapçı
book shop

mağaza
shop

çiçekçi
florist's

süpermarket
supermarket

market
market

büyük mağaza
department store

balık satıcısı
fishmonger's

alışveriş merkezi
shopping centre

liman
harbour

park
park

bank
bench

köprü
bridge

merdiven
stairs

metro
underground

tünel
tunnel

otobüs durağı
bus stop

bar
bar

restoran
restaurant

posta kutusu
postbox

sokak tabelası
street sign

otopark sayacı
parking meter

hayvanat bahçesi
zoo

yüzme havuzu
swimming pool

cami
mosque

çiftlik
farm

kirlilik
pollution

mezarlık
graveyard

kilise
church

oyun alanı
playground

tapınak
temple

arazi
landscape

yaprak
leaf

yön tabelası
signpost

yol
way

çayır
meadow

taş
stone

yürüyüşçü
hiker

ağaç
tree

ırmak
river

çimen
grass

çiçek
flower

vadi

valley

tepe

hill

göl

lake

orman

forest

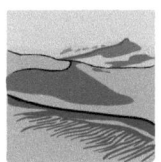

çöl

desert

volkan

volcano

kale

castle

gökkuşağı

rainbow

mantar

mushroom

palmiye

palm tree

sivrisinek

mosquito

sinek

fly

karınca

ant

arı

bee

örümcek

spider

böcek

beetle

kurbağa

frog

sincap

squirrel

kirpi

hedgehog

yabani tavşan

hare

baykuş

owl

kuş

bird

kuğu

swan

yaban domuzu

boar

geyik

deer

geyik

moose

baraj

dam

rüzgar türbini

wind turbine

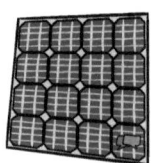

güneş paneli

solar panel

iklim

climate

garson
waiter

menü
menu

sandalye
chair

çorba
soup

pizza
pizza

çatal - bıçak
cutlery

masa örtüsü
tablecloth

başlangıç
starter

ana yemek
main course

tatlı
dessert

içecekler
drinks

yemek
food

şişe
bottle

fastfood

fast food

sokak yemeği

street food

çaydanlık

teapot

şekerlik

sugar bowl

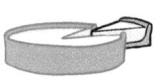

porsiyon

portion

espresso makinesi

espresso machine

mama sandalyesi

high chair

fatura

bill

tepsi

tray

bıçak

knife

çatal

fork

kaşık

spoon

çay kaşığı

teaspoon

servis peçetesi

serviette

bardak

glass

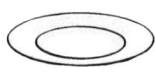

tabak
plate

çorba kasesi
soup plate

fincan altlığı
saucer

sos
sauce

tuzluk
salt pot

karabiber değirmeni
pepper mill

sirke
vinegar

yağ
oil

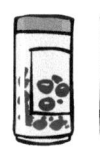

baharat
spices

ketçap
ketchup

hardal
mustard

mayonez
mayonnaise

süpermarket
supermarket

özel teklif
special offer
FOR
müşteri
customer
süt ürünleri
dairy
meyve
fruit
alışveriş arabası
trolley

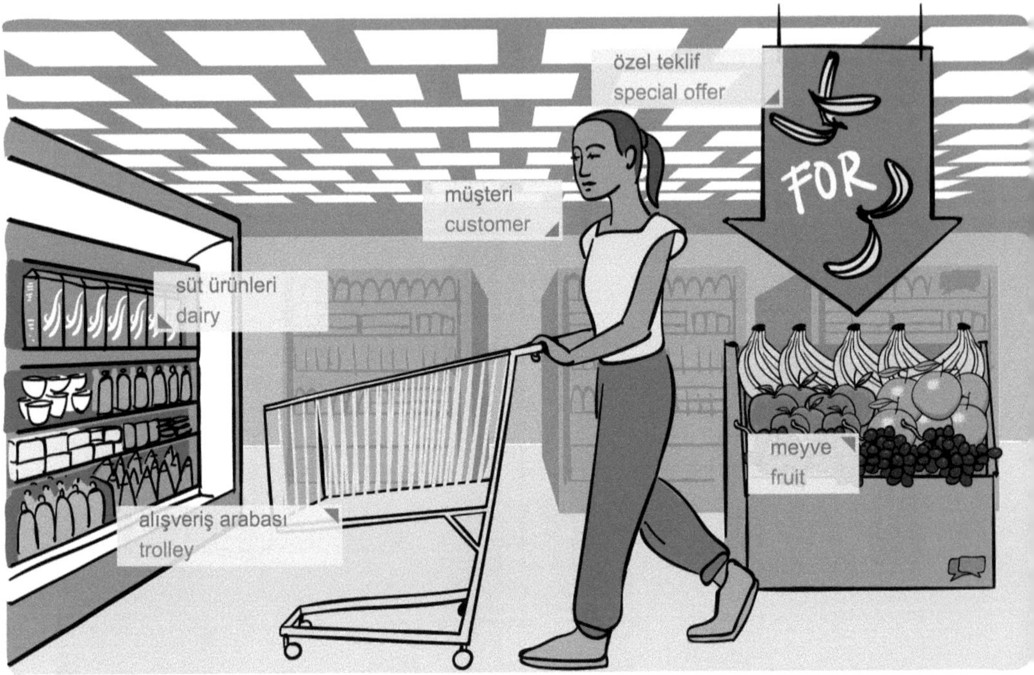

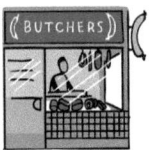

BUTCHERS

kasap
butcher´s

BAKERY

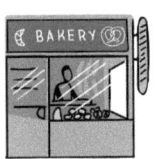

fırın
baker´s

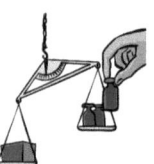

tartmak
weigh

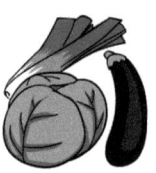

sebze
vegetables

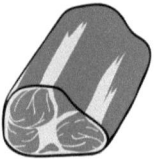

et
meat

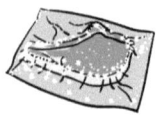

donmuş gıda
frozen food

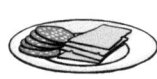

söğüş et

cold meat

konserve yiyecek

tinned food

toz deterjan

washing powder

şekerlemeler

sweets

ev temizlik ürünleri

household products

temizlik ürünleri

cleaning products

satış görevlisi

salesperson

yazar kasa

till

kasiyer

cashier

alışveriş listesi

shopping list

açılış saatleri

opening hours

cüzdan

wallet

kredi kartı

credit card

çanta

bag

plastik poşet

plastic bag

su

water

meyve suyu

juice

süt

milk

kola

coke

şarap

wine

bira

beer

alkol

alcohol

kakao

cocoa

çay

tea

kahve

coffee

espresso

espresso

kapuçino

cappuccino

muz

banana

elma

apple

portakal

orange

kavun

melon

limon

lemon

havuç

carrot

sarımsak

garlic

bambu

bamboo

soğan

onion

mantar

mushroom

çerez

nuts

makarna

noodles

spagetti

spaghetti

pirinç

rice

salata

salad

cips

chips

patates kızartması

fried potatoes

pizza

pizza

hamburger

hamburger

sandviç

sandwich

şinitzel

cutlet

pastırma

ham

salam

salami

sosis

sausage

tavuk

chicken

rosto

roast

balık

fish

yulaf ezmesi
porridge oats

müsli
muesli

mısır gevreği
cornflakes

un
flour

kruvasan
croissant

küçük ekmek
bread roll

ekmek
bread

tost
toast

bisküvi
biscuits

tereyağı
butter

kaymak
curd

kek
cake

yumurta
egg

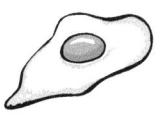

sahanda yumurta
fried egg

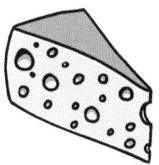

peynir
cheese

yemek - food

dondurma

ice cream

şeker

sugar

bal

honey

reçel

jam

fındık ezmesi

chocolate spread

köri

curry

yemek - food

çiftlik evi
farmhouse

sap toplama makinesi
straw bale

tahil ambarı
barn

tarla
field

at
horse

römork
trailer

traktör
tractor

tay
foal

eşek
donkey

kuzu
lamb

koyun
sheep

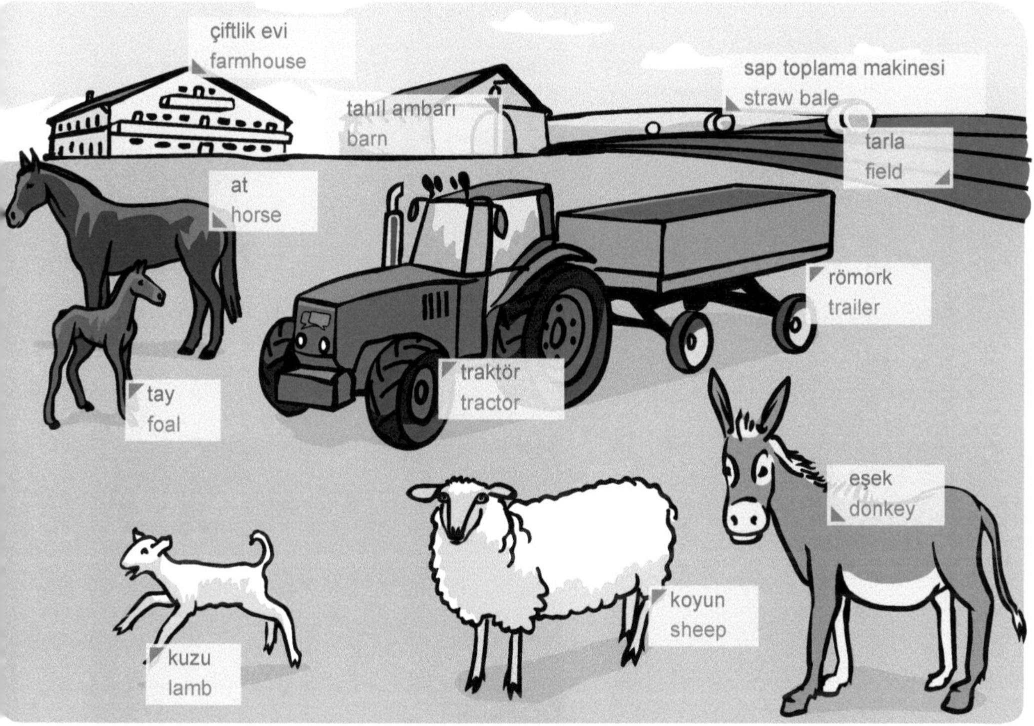

keçi
goat

inek
cow

buzağı
calf

domuz
pig

domuz yavrusu
piglet

boğa
bull

çiftlik - farm

27

kaz

goose

ördek

duck

civciv

chick

tavuk

hen

horoz

cock

sıçan

rat

kedi

cat

fare

mouse

öküz

ox

köpek

dog

köpek kulübesi

doghouse

bahçe hortumu

garden hose

sulama kabı

watering can

tırpan

scythe

pulluk

plough

orak
sickle

çapa
hoe

dirgen
pitchfork

balta
axe

el arabası
wheelbarrow

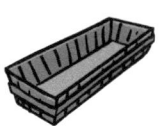

yemlik
trough

süt kovası
milk can

çuval
sack

çit
fence

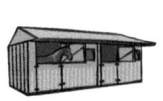

ahır
stable

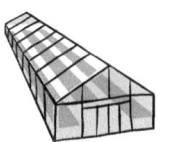

sera
greenhouse

toprak
soil

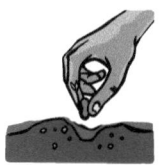

tohum
seed

gübre
fertilizer

biçerdöver
combine harvester

hasat etmek

harvest

harman

harvest

tatlı patates

yams

buğday

wheat

soya

soy

patates

potato

mısır

corn

kolza

rapeseed

meyve ağacı

fruit tree

manyok

cassava

hububat

cereals

ev

house

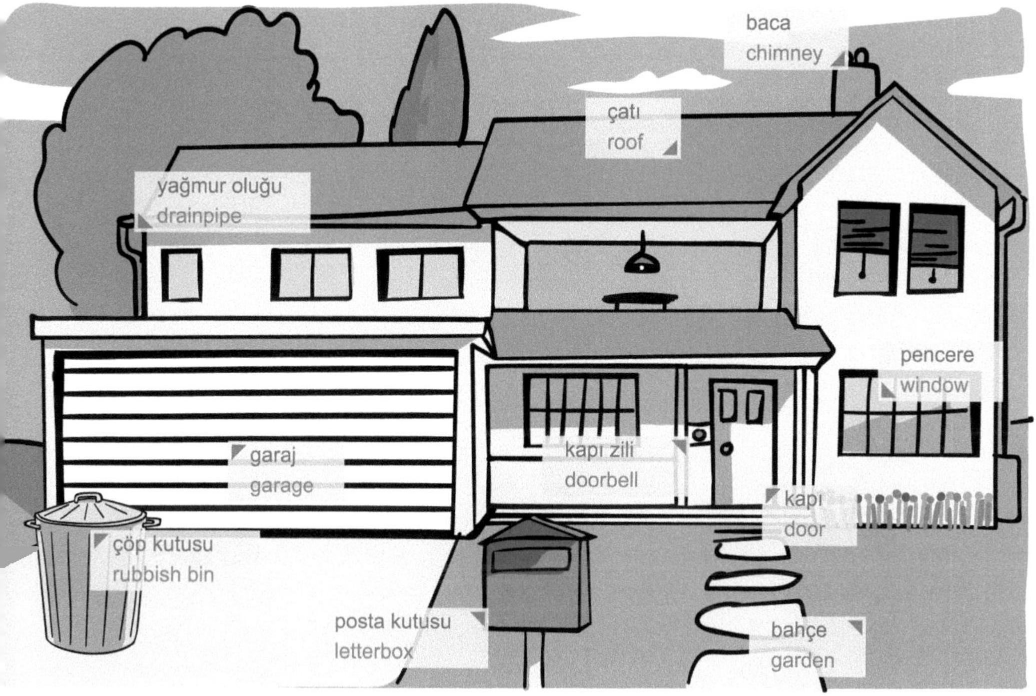
baca
chimney
çatı
roof
yağmur oluğu
drainpipe
pencere
window
garaj
garage
kapı zili
doorbell
kapı
door
çöp kutusu
rubbish bin
posta kutusu
letterbox
bahçe
garden

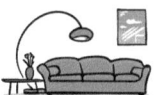

oturma odası

living room

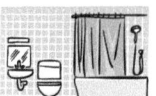

banyo

bathroom

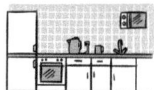

mutfak

kitchen

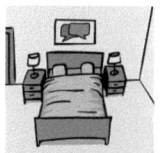

yatak odası

bedroom

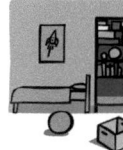

çocuk odası

child's room

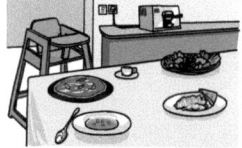

yemek odası

dining room

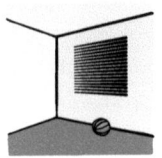

zemin
floor

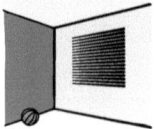

duvar
wall

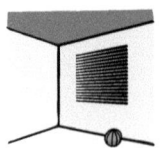

tavan
ceiling

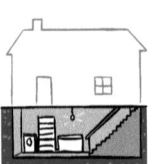

kiler
cellar

sauna
sauna

balkon
balcony

teras
terrace

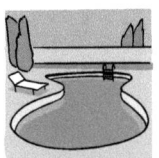

havuz
pool

çim biçme makinesi
lawn mower

çarşaf
sheet

yatak örtüsü
bedspread

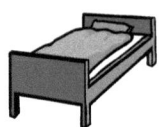

yatak
bed

süpürge
broom

kova
bucket

anahtar
switch

oturma odası
living room

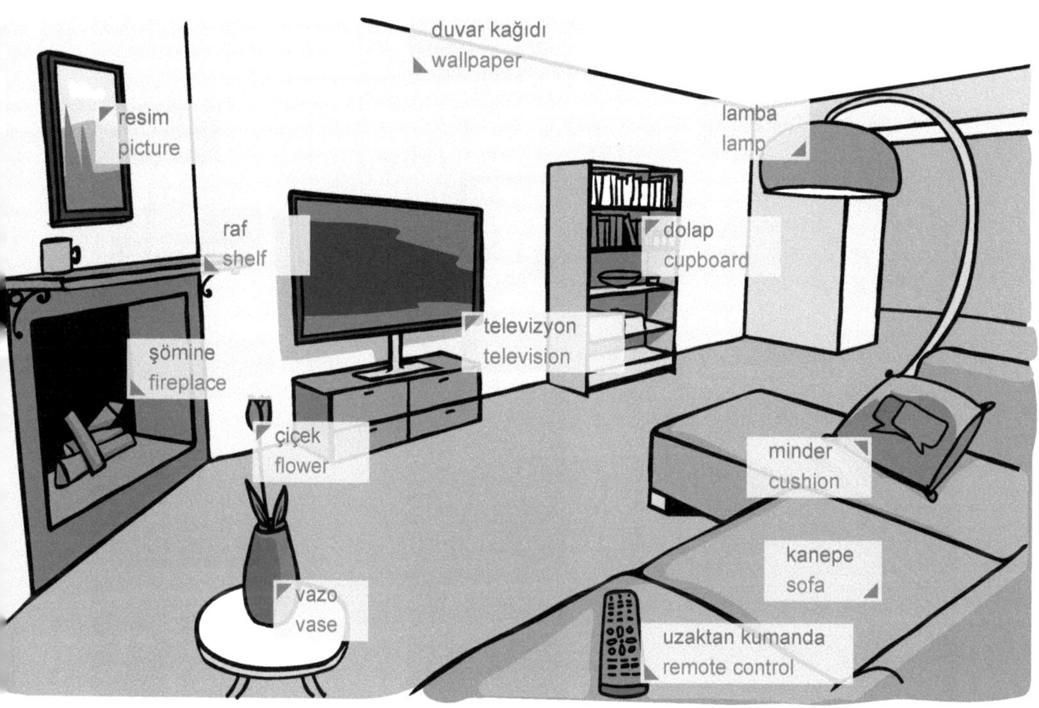

duvar kağıdı
wallpaper
resim
picture
lamba
lamp
raf
shelf
dolap
cupboard
televizyon
television
şömine
fireplace
çiçek
flower
minder
cushion
kanepe
sofa
vazo
vase
uzaktan kumanda
remote control

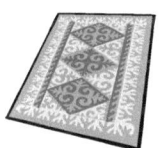

halı
carpet

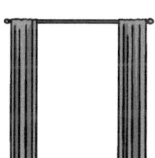

perde
curtain

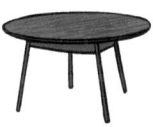

masa
table

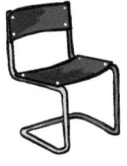

sandalye
chair

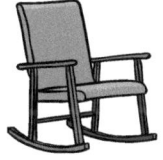

salıncaklı koltuk
rocking chair

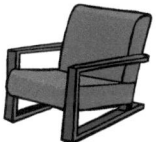

koltuk
armchair

kitap
book

battaniye
blanket

dekor
decoration

odun
firewood

film
film

hi-fi
hi-fi equipment

anahtar
key

gazete
newspaper

tablo
painting

poster
poster

radyo
radio

defter
notepad

elektrikli süpürge
hoover

kaktüs
cactus

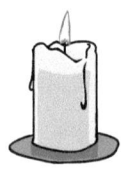

mum
candle

mutfak
kitchen

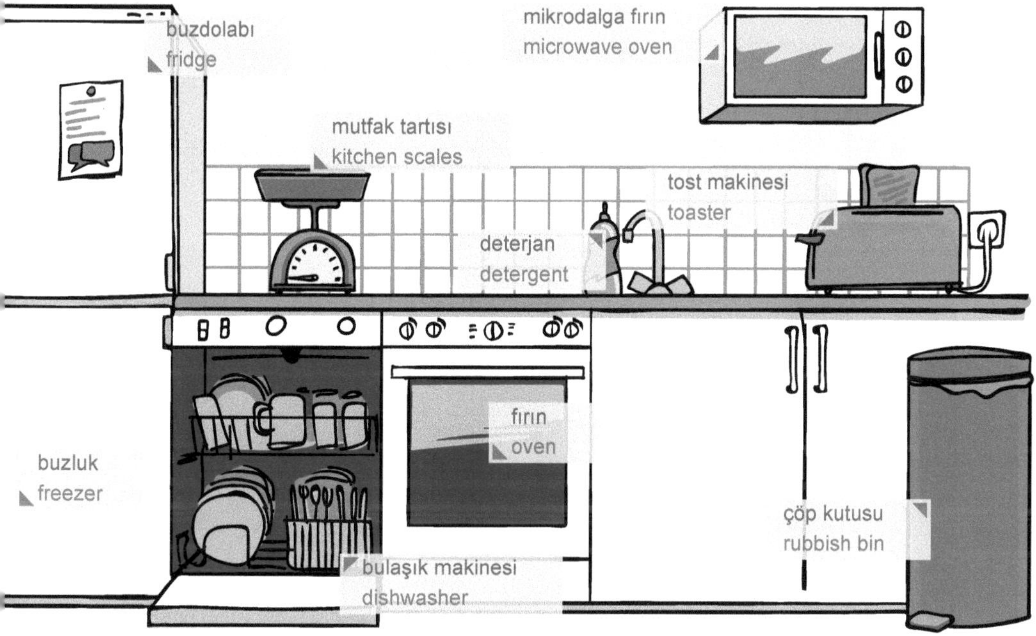

buzdolabı
fridge
mikrodalga fırın
microwave oven
mutfak tartısı
kitchen scales
tost makinesi
toaster
deterjan
detergent
fırın
oven
buzluk
freezer
çöp kutusu
rubbish bin
bulaşık makinesi
dishwasher

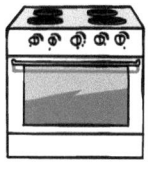

ocak
cooker

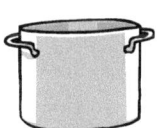

tencere
pot

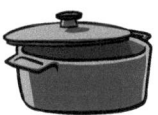

döküm tencere
cast-iron pot

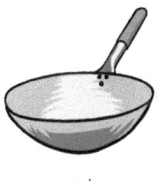

wok
wok / kadai

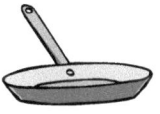

tava
pan

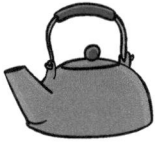

su ısıtıcı
kettle

buharlı pişirici

steamer

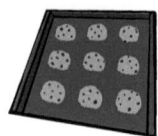

pişirme tepsisi

baking tray

tabak takımı

crockery

kupa

mug

kase

bowl

çubuk (çin yemeği)

chopsticks

kepçe

ladle

spatula

spatula

çırpma teli

whisk

süzgeç

strainer

elek

sieve

rende

grater

havan

mortar

barbekü

barbecue

açık ateş

open fire

kesme tahtası

chopping board

merdane

rolling pin

tirbüşon

corkscrew

konserve kutusu

can

konserve açacağı

can opener

fırın eldiveni

pot holder

evye

sink

fırça

brush

sünger

sponge

blender

blender

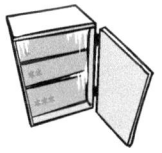

derin dondurucu

deep freezer

biberon

baby bottle

musluk

tap

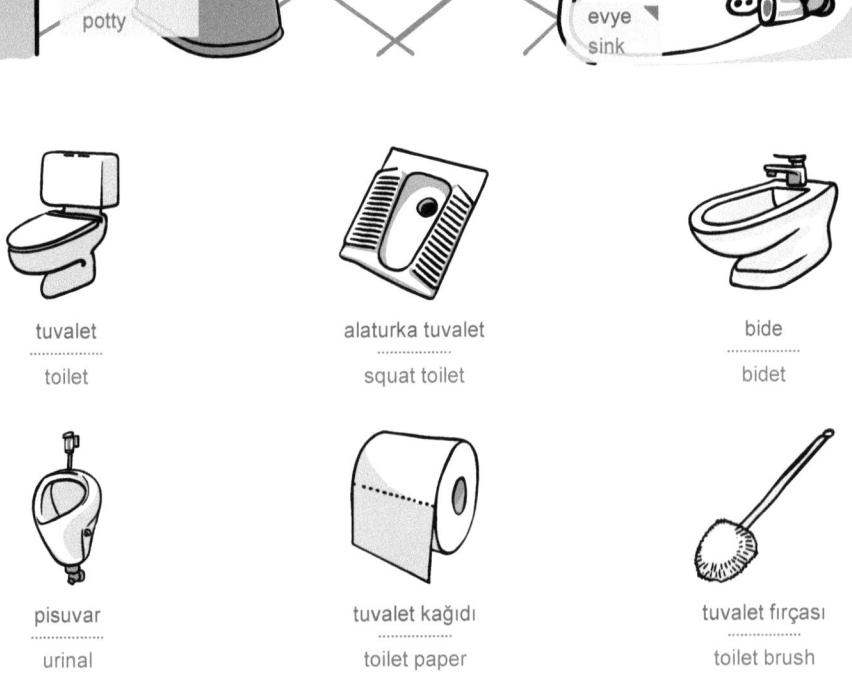

banyo
bathroom

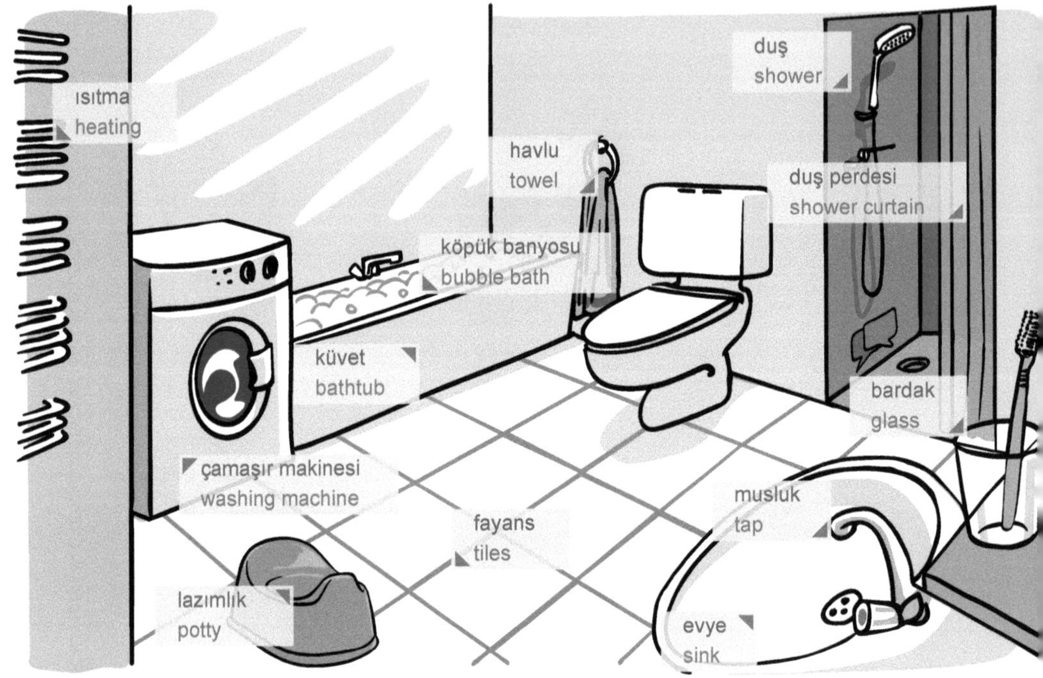

ısıtma
heating
duş
shower
havlu
towel
duş perdesi
shower curtain
köpük banyosu
bubble bath
küvet
bathtub
bardak
glass
çamaşır makinesi
washing machine
musluk
tap
fayans
tiles
lazımlık
potty
evye
sink

tuvalet

toilet

alaturka tuvalet

squat toilet

bide

bidet

pisuvar

urinal

tuvalet kağıdı

toilet paper

tuvalet fırçası

toilet brush

diş fırçası

toothbrush

diş macunu

toothpaste

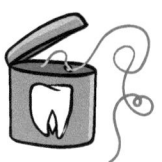

diş ipi

dental floss

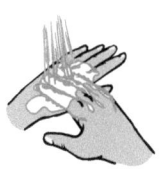

yıkamak

wash

duş başlığı

handheld shower

duş başlığı şeklinde taharet musluğu

douche

küvet

basin

banyo fırçası

back brush

sabun

soap

duş jeli

shower gel

şampuan

shampoo

banyo lifi

flannel

gider

drain

krem

cream

deodorant

deodorant

ayna

mirror

el aynası

hand mirror

jilet

razor

tıraş köpüğü

shaving foam

tıraş losyonu

aftershave

tarak

comb

fırça

brush

saç kurutma makinesi

hair dryer

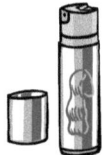

saç spreyi

hairspray

makyaj

makeup

ruj

lipstick

tırnak cilası

nail varnish

pamuk

cotton wool

tırnak makası

nail scissors

parfüm

perfume

makyaj çantası

washbag

tabure

stool

tartı

weighing scale

bornoz

bathrobe

lastik eldiven

rubber gloves

tampon

tampon

kadın pedi

sanitary towel

kimyevi tuvalet

chemical toilet

çocuk odası

child's room

çalar saat
alarm clock
peluş oyuncak
cuddly toy
oyuncak araba
toy car
çıngırak
rattle
bebek evi
doll's house
hediye
present

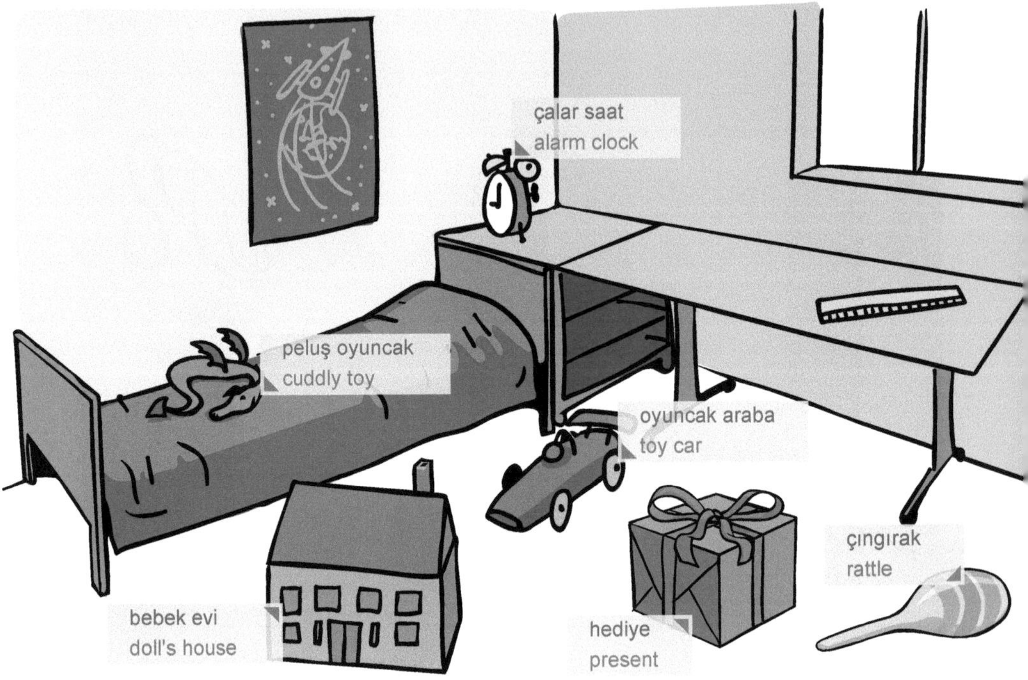

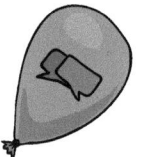

balon

balloon

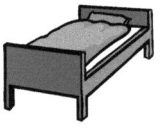

yatak

bed

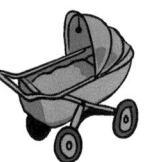

bebek arabası

pram

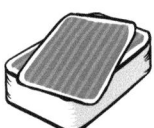

kart destesi

deck of cards

yapboz

jigsaw

SUPER MEGA

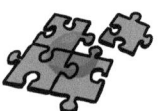

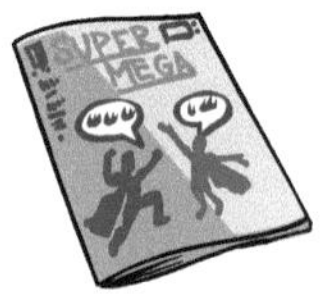

çizgi roman

comic

lego tuğlaları

lego bricks

lego blokları

building blocks

aksiyon figürü

action figure

zıbın

babygrow

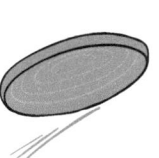

frizbi

frisbee

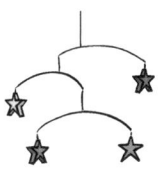

dönence

mobile

masa oyunu

board game

zar

dice

model tren seti

model train set

emzik

dummy

parti

party

resimli kitap

picture book

top

ball

oyuncak bebek

doll

oynamak

play

kum havuzu

sandpit

salıncak

swing

oyuncaklar

toys

video oyun konsolu

video game console

üç tekerlekli bisiklet

tricycle

oyuncak ayı

teddy bear

gardırop

wardrobe

kıyafet
clothing

çorap

socks

külotlu çorap

stockings

tayt

tights

eşarp
scarf

şemsiye
umbrella

tişört
t-shirt

kemer
belt

bot
boots

terlik
slippers

spor ayakkabı
trainers

sandalet
sandals

ayakkabı
shoes

lastik çizme
rubber boots

külot
underpants

sütyen
bra

yelek
vest

kıyafet - clothing

dar bluz
body

pantolon
trousers

kot pantolon
jeans

etek
skirt

bluz
blouse

gömlek
shirt

kazak
pullover

süveter
hoodie

blazer
blazer

ceket
jacket

mont
coat

yağmurluk
raincoat

kostüm
costume

elbise
dress

gelinlik
wedding dress

takım elbise

suit

gecelik

nightgown

pijama

pyjamas

sari

sari

baş örtüsü

headscarf

türban

turban

burka

burqa

kaftan

kaftan

çarşaf

abaya

mayo

swimsuit

erkek mayosu

trunks

şort

shorts

eşofman

tracksuit

önlük

apron

eldiven

gloves

düğme

button

gözlük

glasses

bilezik

bracelet

kolye

necklace

yüzük

ring

küpe

earring

kep

cap

portmanto

coat hanger

şapka

hat

kravat

tie

fermuar

zip

kask

helmet

pantolon askısı

braces

okul forması

school uniform

üniforma

uniform

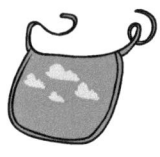

mama önlüğü

bib

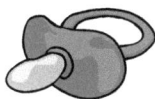

emzik

dummy

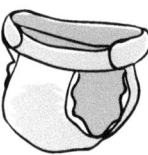

bebek bezi

nappy

ofis
office

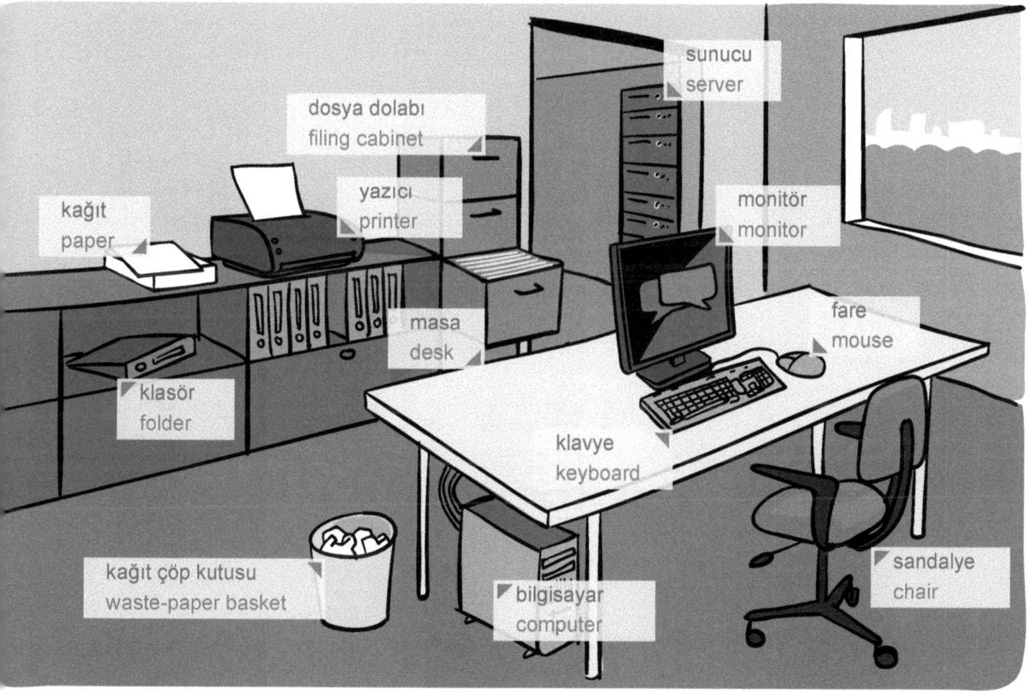

sunucu
server
dosya dolabı
filing cabinet
yazıcı
printer
kağıt
paper
monitör
monitor
fare
mouse
masa
desk
klasör
folder
klavye
keyboard
kağıt çöp kutusu
waste-paper basket
bilgisayar
computer
sandalye
chair

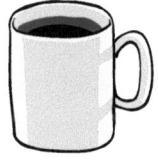

kahve fincanı

coffee mug

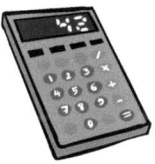

hesap makinesi

calculator

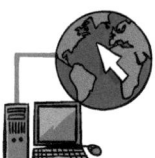

internet

internet

dizüstü

laptop

mektup

letter

mesaj

message

cep telefonu

mobile

ağ

network

fotokopi makinesi

photocopier

yazılım

software

telefon

telephone

priz

plug socket

faks makinesi

fax machine

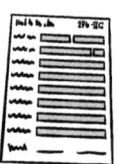

form

form

belge

document

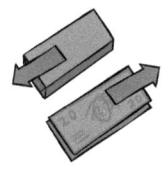

satın almak

buy

ödemek

pay

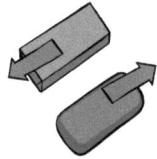

ticaret yapmak

trade

para

money

dolar

dollar

avro

euro

yen

yen

ruble

rouble

İsviçre frangı

Swiss franc

Çin yuanı

renminbi yuan

rupi

rupee

kasa

cashpoint

döviz bürosu
bureau de change

altın
gold

gümüş
silver

petrol
oil

enerji
energy

fiyat
price

kontrat
contract

vergi
tax

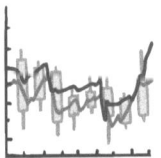

menkul değer
stock

çalışmak
work

işveren
employee

işçi
employer

fabrika
factory

mağaza
shop

meslekler
occupations

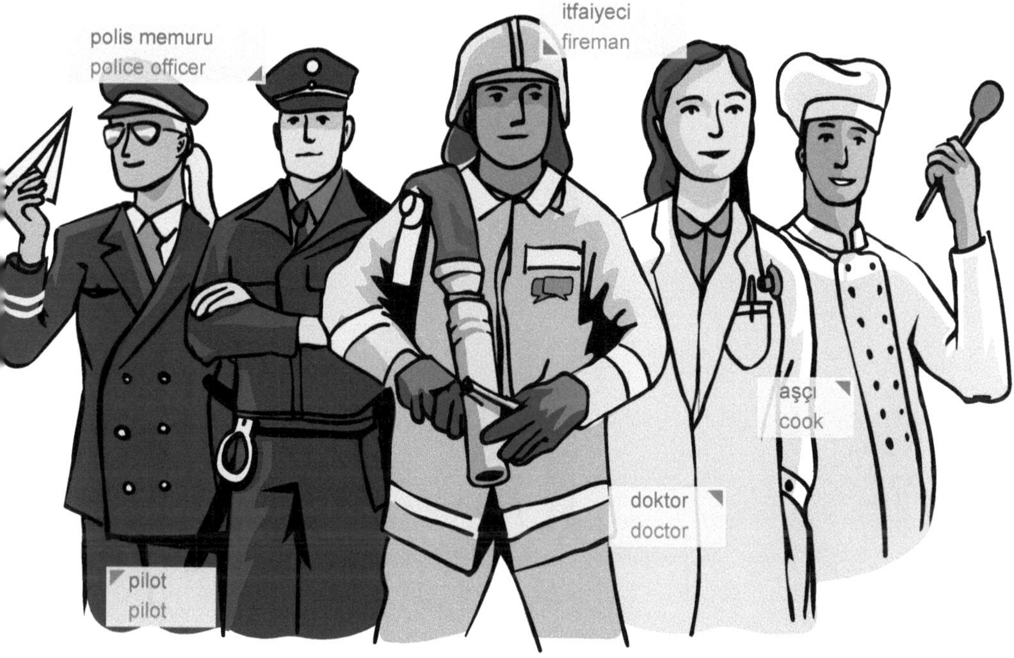
polis memuru
police officer
itfaiyeci
fireman
aşçı
cook
doktor
doctor
pilot
pilot

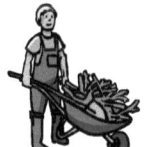

bahçıvan

gardener

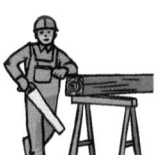

marangoz

carpenter

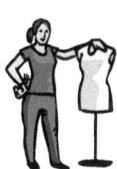

terzi

seamstress

hakim

judge

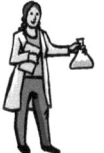

kimyager

chemist

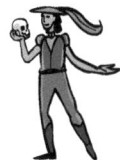

aktör

actor

otobüs şoförü

bus driver

taksi şoförü

taxi driver

balıkçı

fisherman

temizlikçi

cleaning lady

çatı ustası

roofer

garson

waiter

avcı

hunter

boyacı

painter

fırıncı

baker

elektrikçi

electrician

inşaatçı

builder

mühendis

engineer

kasap

butcher

muslukçu

plumber

postacı

postman

asker
soldier

mimar
architect

kasiyer
cashier

çiçekçi
florist

kuaför
hairdresser

kondüktör
conductor

tamirci
mechanic

kaptan
captain

dişçi
dentist

bilim insanı
scientist

haham
rabbi

imam
imam

keşiş
monk

rahip
clergyman

aletler
tools

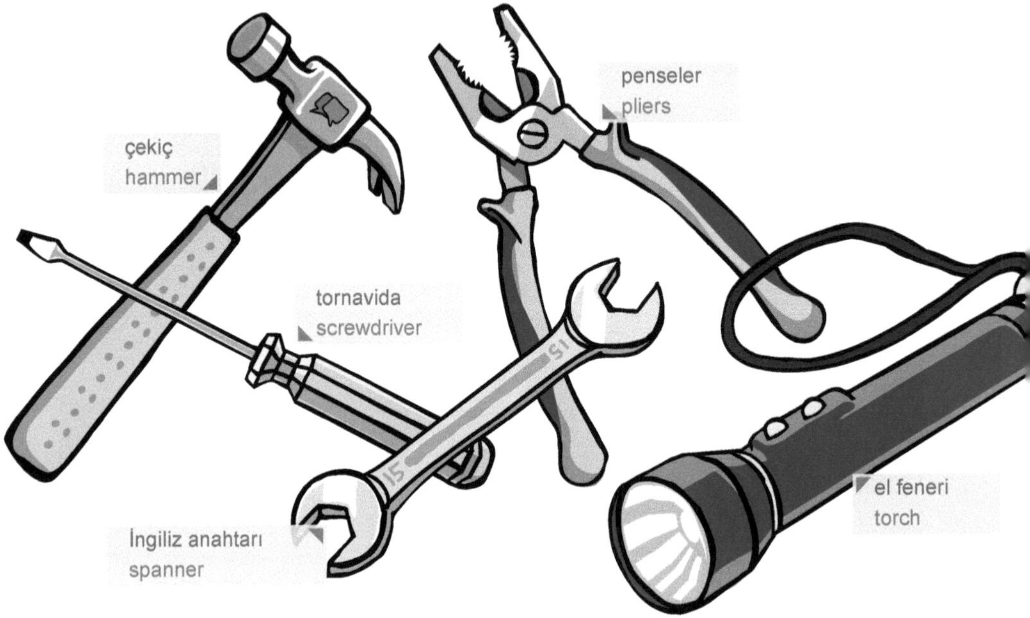
penseler
pliers
çekiç
hammer
tornavida
screwdriver
el feneri
torch
İngiliz anahtarı
spanner

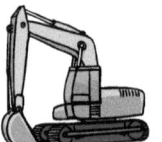

kazı makinesi

digger

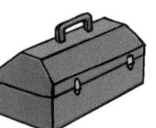

alet çantası

toolbox

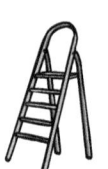

merdiven

ladder

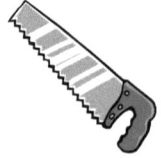

testere

saw

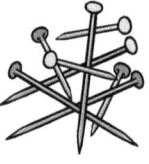

çiviler

nails

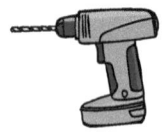

matkap

drill

tamir etmek
repair

kürek
shovel

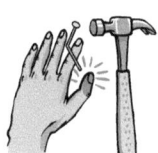

Kahretsin!
Damn!

faraş
dustpan

boya tenekesi
paint pot

vidalar
screws

müzik enstrümanı
musical instruments

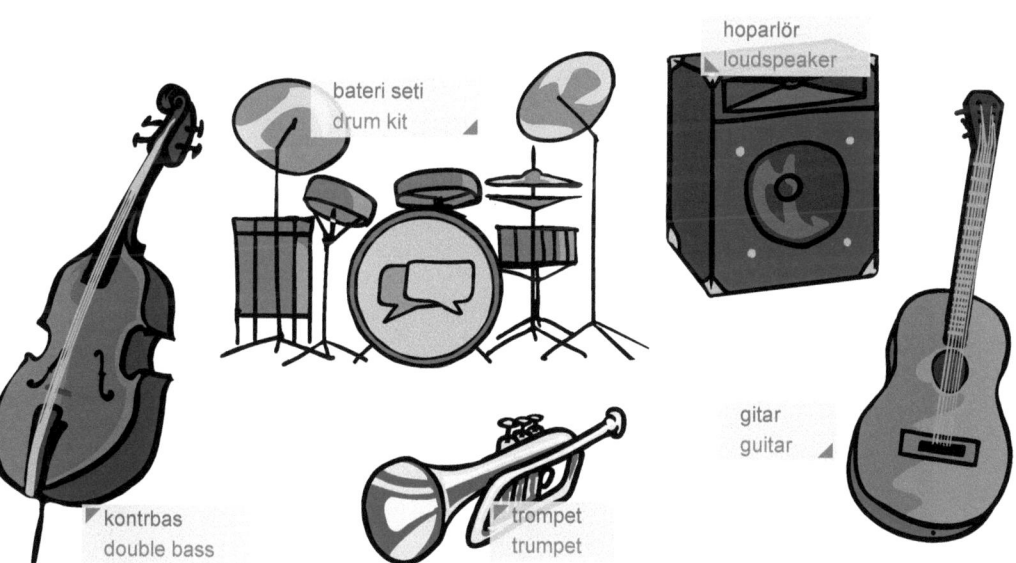

hoparlör
loudspeaker

bateri seti
drum kit

kontrbas
double bass

trompet
trumpet

gitar
guitar

piyano

piano

keman

violin

basgitar

bass

timpani

timpani

bateri

drums

klavye

keyboard

saksafon

saxophone

flüt

flute

mikrofon

microphone

hayvanat bahçesi

zoo

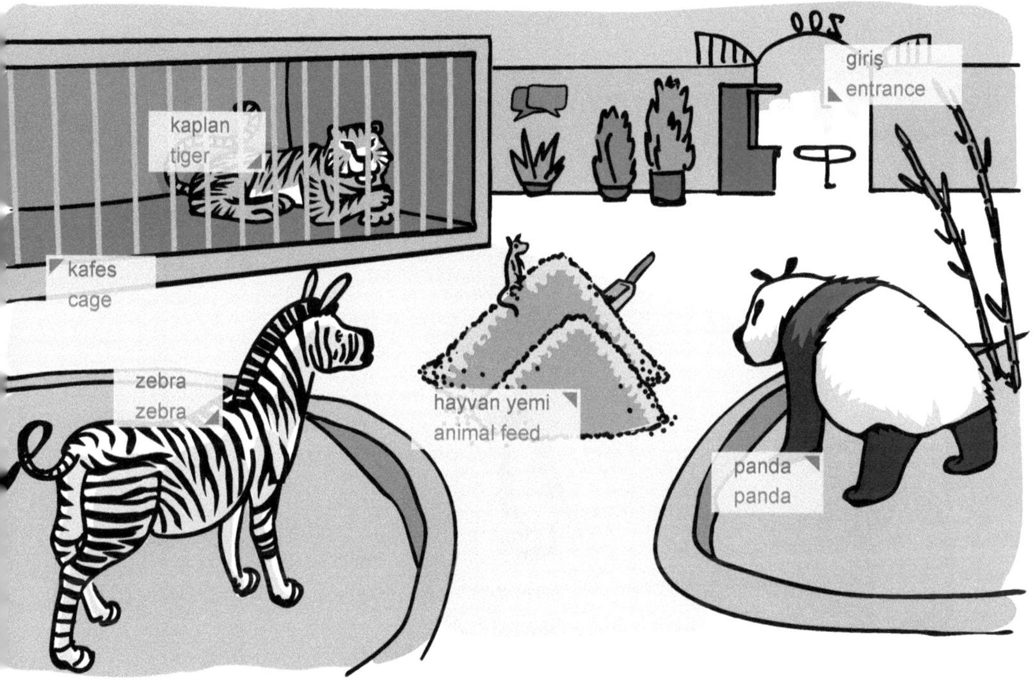

kaplan
tiger
giriş
entrance
kafes
cage
zebra
zebra
hayvan yemi
animal feed
panda
panda

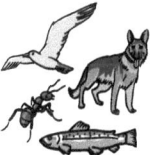

hayvanlar

animals

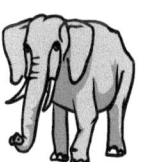

fil

elephant

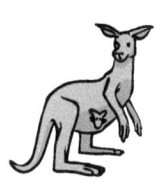

kanguru

kangaroo

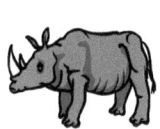

gergedan

rhino

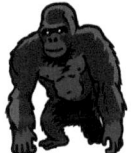

goril

gorilla

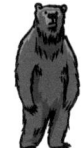

ayı

bear

deve

camel

deve kuşu

ostrich

aslan

lion

maymun

monkey

flamingo

flamingo

papağan

parrot

kutup ayısı

polar bear

penguen

penguin

köpek balığı

shark

tavus kuşu

peacock

yılan

snake

timsah

crocodile

hayvanat bahçesi görevlisi

zookeeper

fok

seal

jaguar

jaguar

midilli atı

pony

leopar

leopard

su aygırı

hippo

zürafa

giraffe

kartal

eagle

yaban domuzu

boar

balık

fish

kaplumbağa

turtle

mors

walrus

tilki

fox

ceylan

gazelle

amerikan futbolu
American football

bisiklete binme
cycling

tenis
tennis

basketbol
basketball

yüzme
swimming

boks
boxing

buz hokeyi
ice hockey

futbol
football

badminton
badminton

atletizm
athletics

hentbol
handball

kayak
skiing

polo
polo

atlamak
jump

sarılmak
hug

gülmek
laugh

yürümek
walk

söylemek
sing

hayal etmek
dream

dua etmek
pray

öpmek
kiss

yazmak	çizmek	göstermek
write	draw	show

itmek	vermek	almak
push	give	take

sahip olmak
have

yapmak
do

olmak
be

ayakta durmak
stand

koşmak
run

çekmek
pull

atmak
throw

düşmek
fall

yalan söylemek
lie

beklemek
wait

taşımak
carry

oturmak
sit

giyinmek
get dressed

uyumak
sleep

uyanmak
wake up

bakmak
look at

ağlamak
cry

vurmak
stroke

taramak
comb

konuşmak
talk

anlamak
understand

sormak
ask

dinlemek
listen

içmek
drink

yemek
eat

düzenlemek
tidy up

sevmek
love

pişirmek
cook

sürmek
drive

uçmak
fly

denize açılmak

sail

hesapla

calculate

okumak

read

öğrenmek

learn

çalışmak

work

evlenmek

marry

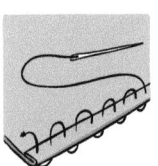

dikmek

sew

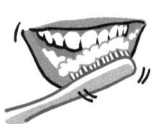

diş fırçalamak

brush teeth

öldürmek

kill

sigara içmek

smoke

yollamak

send

aile
family

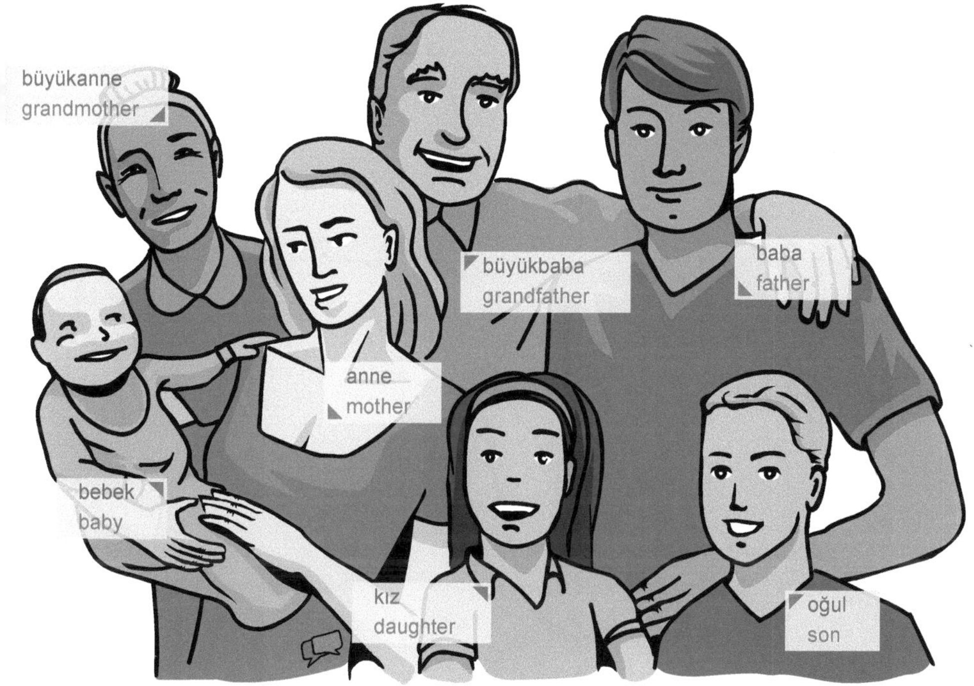
büyükanne
grandmother
büyükbaba
grandfather
baba
father
anne
mother
bebek
baby
kız
daughter
oğul
son

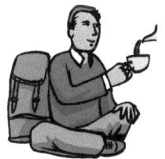

misafir

guest

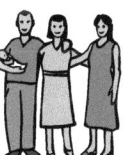

teyze

aunt

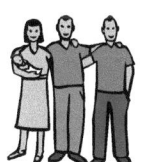

amca

uncle

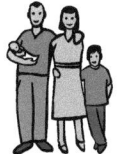

erkek kardeş

brother

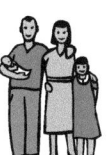

kız kardeş

sister

vücut

body

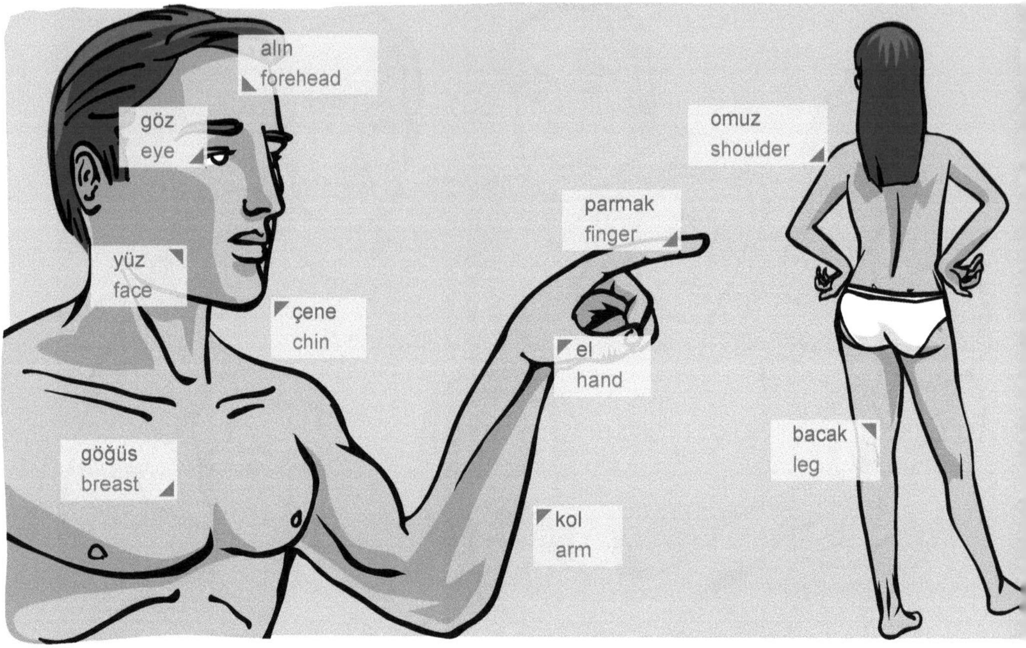
alın
forehead
göz
eye
omuz
shoulder
parmak
finger
yüz
face
çene
chin
el
hand
bacak
leg
göğüs
breast
kol
arm

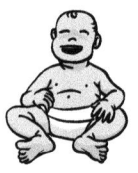

bebek

baby

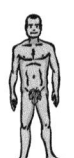

adam

man

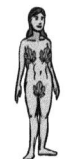

kadın

woman

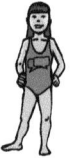

kız

girl

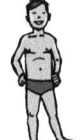

erkek çocuk

boy

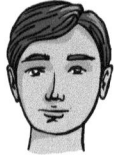

baş

head

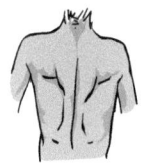

sırt

back

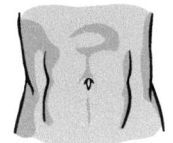

karın

belly

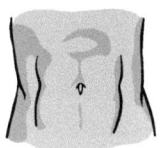

göbek

belly button

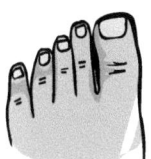

ayak parmağı

toe

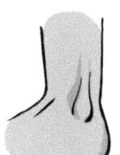

topuk

heel

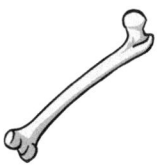

kemik

bone

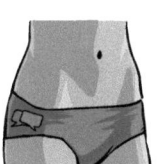

kalça

hip

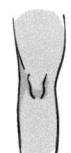

diz

knee

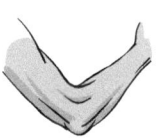

dirsek

elbow

burun

nose

kalça

bottom

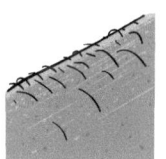

deri

skin

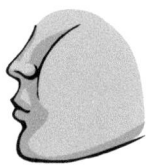

yanak

cheek

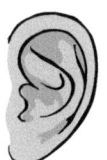

kulak

ear

dudak

lip

ağız

mouth

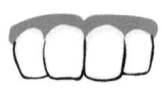

diş

tooth

dil

tongue

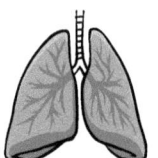

beyin

brain

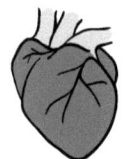

kalp

heart

kas

muscle

akciğer

lung

karaciğer

liver

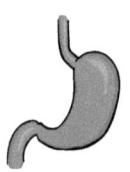

mide

stomach

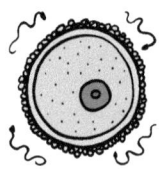

böbrekler

kidneys

seks

sex

prezervatif

condom

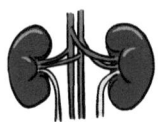

yumurtalık

ovum

sperm

semen

hamilelik

pregnancy

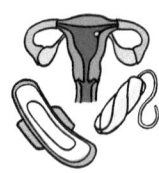

regl

menstruation

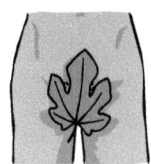

vajina

vagina

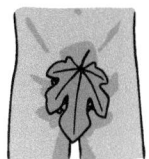

penis

penis

kaş

eyebrow

saç

hair

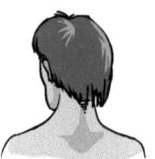

boyun

neck

hastane
hospital

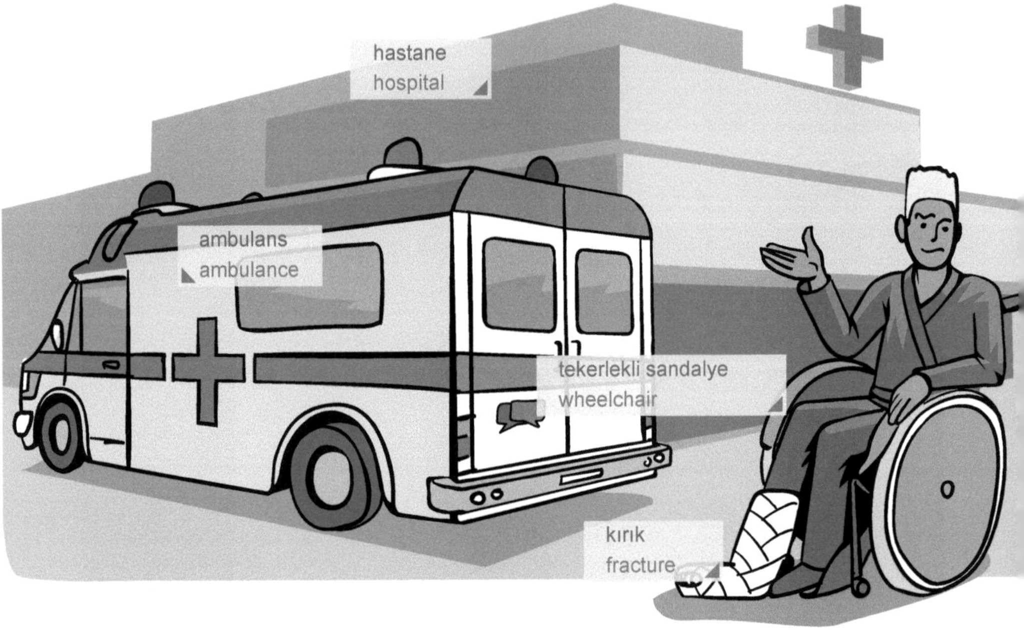

hastane
hospital
ambulans
ambulance
tekerlekli sandalye
wheelchair
kırık
fracture

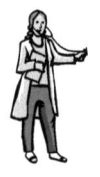

doktor

doctor

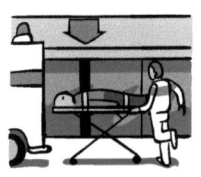

acil servis

emergency room

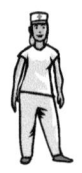

hemşire

nurse

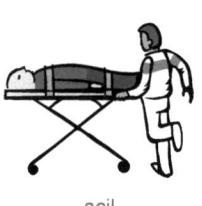

acil

emergency

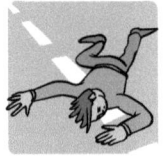

baygın

unconscious

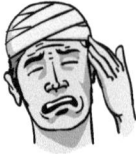

acı

pain

yaralanma

injury

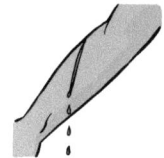

kanama

bleeding

kalp krizi

heart attack

felç

stroke

alerji

allergy

öksürük

cough

ateş

fever

grip

flu

ishal

diarrhoea

baş ağrısı

headache

kanser

cancer

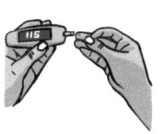

şeker hastalığı

diabetes

cerrah

surgeon

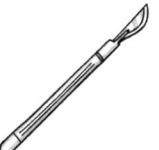

neşter

scalpel

operasyon

operation

bilgisayarlı tomografi

CT

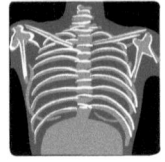

röntgen

x-ray

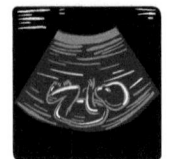

ultrason

ultrasound

yüz maskesi

face mask

hastalık

disease

bekleme odası

waiting room

koltuk değneği

crutch

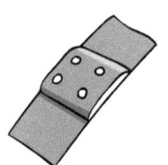

yara bandı

plaster

bandaj

bandage

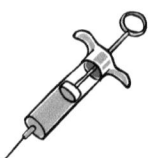

enjeksiyon

injection

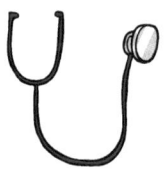

steteskop

stethoscope

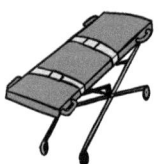

sedye

stretcher

tıbbi termometre

clinical thermometer

doğum

birth

fazla kilo

overweight

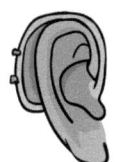

işitme cihazı

hearing aid

dezenfektan

disinfectant

enfeksiyon

infection

virüs

virus

HIV / AIDS

HIV / AIDS

ilaç

medicine

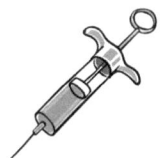

aşı

vaccination

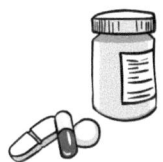

tablet

tablets

hap

pill

acil çağrı

emergency call

tansiyon aleti

blood pressure monitor

hasta / sağlıklı

ill / healthy

İmdat!

Help!

alarm

alarm

darp

assault

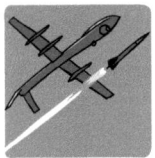

saldırı

attack

tehlike

danger

acil çıkış

emergency exit

Yangın!

Fire!

yangın tüpü

fire extinguisher

kaza

accident

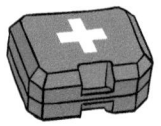

ilk yardım çantası

first-aid kit

imdat

SOS

polis

police

Avrupa

Europe

Kuzey Amerika

North America

Güney amerika

South America

Afrika

Africa

Asya

Asia

Avustralya

Australia

Atlantik

Atlantic

Pasifik

Pacific

Hint Okyanusu

Indian Ocean

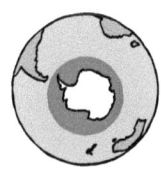

Antarktika Okyanusu

Antarctic Ocean

Arktik Okyanusu

Arctic Ocean

Kuzey Kutbu

North Pole

Güney Kutbu

South Pole

Antarktika

Antarctica

dünya

Earth

kara

land

deniz

sea

ada

island

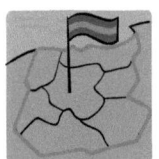

ulus

nation

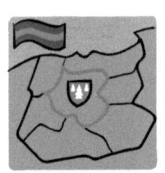

ülke

state

kadran

clock face

akrep

hour hand

yelkovan

minute hand

saniye ibresi

second hand

Saat kaç?

What time is it?

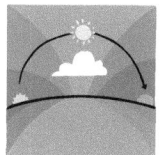

gün

day

zaman

time

şimdi

now

dijital saat

digital watch

dakika

minute

saat

hour

hafta
week

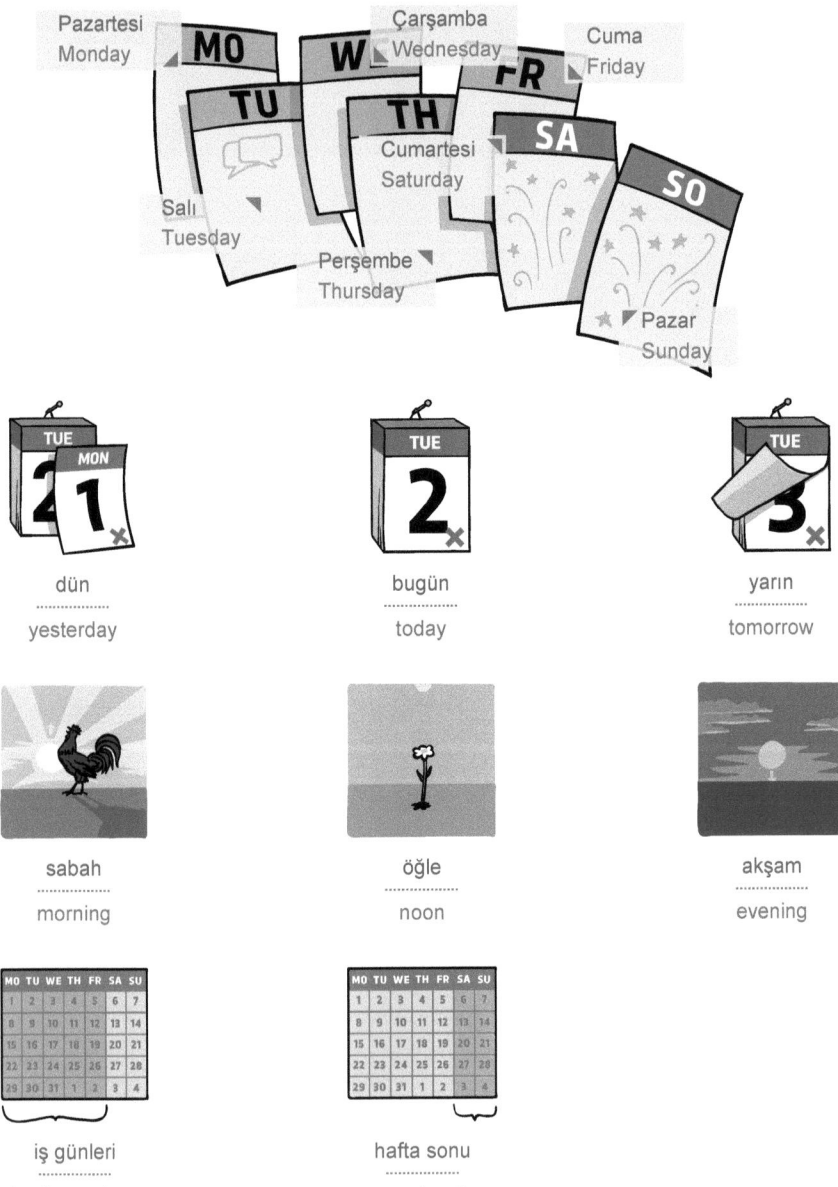

dün	bugün	yarın
yesterday	today	tomorrow

sabah	öğle	akşam
morning	noon	evening

iş günleri	hafta sonu
business days	weekend

Pazartesi / Monday
Çarşamba / Wednesday
Cuma / Friday
Salı / Tuesday
Cumartesi / Saturday
Perşembe / Thursday
Pazar / Sunday

yıl
year

yağmur
rain
gökkuşağı
rainbow
rüzgar
wind
kara
snow
bahar
spring
yaz
summer
sonbahar
autumn
kış
winter

4.APRIL 11°
5.APRIL 4°
6.APRIL 13°
7.APRIL 8°
8.APRIL 10°

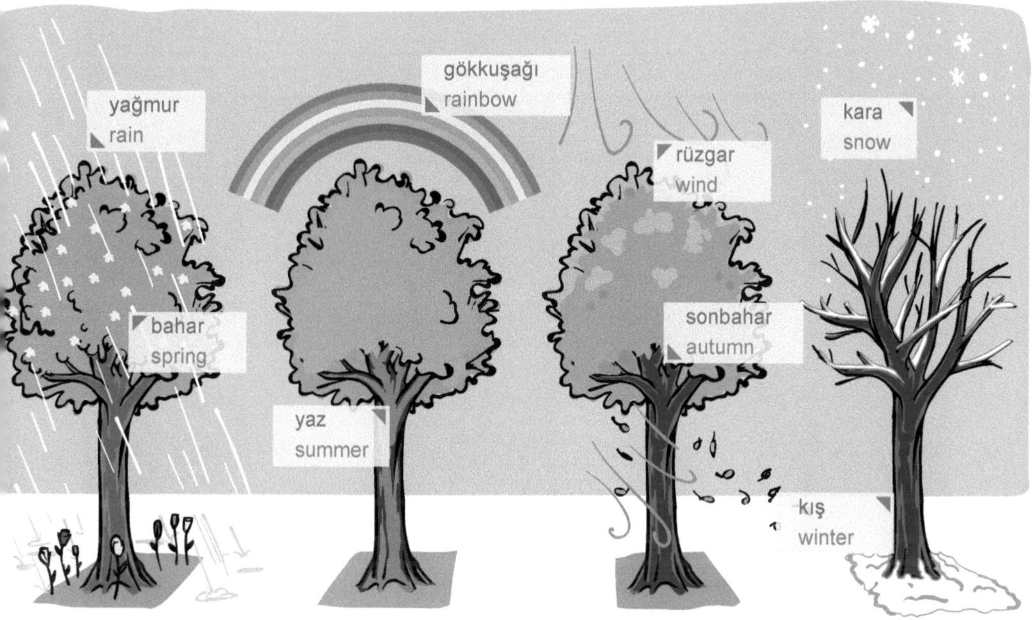

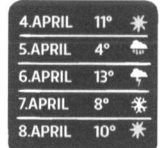

hava durumu tahmini

weather forecast

F
C
120
90
60
30
0
-30
40
30
20
10
0
-10
-20

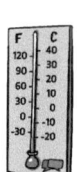

termometre

thermometer

güneş ışığı

sunshine

bulut

cloud

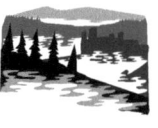

sis

fog

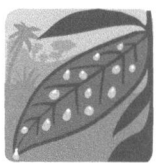

nem

humidity

şimşek

lightning

gök gürültüsü

thunder

fırtına

storm

dolu

hail

muson

monsoon

sel

flood

buz

ice

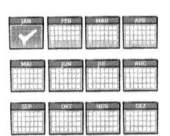

Ocak

January

Şubat

February

Mart

March

Nisan

April

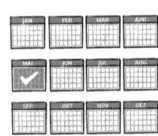

Mayıs

May

Haziran

June

Temmuz

July

Ağustos

August

yıl - year

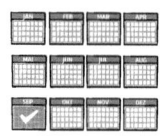

Eylül
September

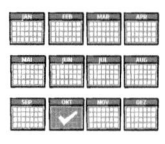

Ekim
October

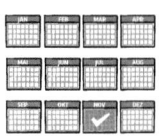

Kasım
November

Aralık
December

şekiller
shapes

daire
circle

kare
square

dikdörtgen
rectangle

üçgen
triangle

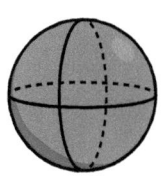

küre
sphere

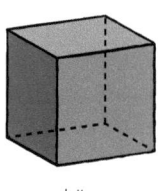

küp
cube

renkler
colours

beyaz

white

sarı

yellow

turuncu

orange

pembe

pink

kırmızı

red

mor

purple

mavi

blue

yeşil

green

kahverengi

brown

gri

grey

siyah

black

çok / az

a lot / a little

kızgın / sakin

angry / calm

güzel / çirkin

beautiful / ugly

başlangıç / son

beginning / end

büyük / küçük

big / small

parlak / karanlık

bright / dark

erkek kardeş / kız kardeş

brother / sister

temiz / kirli

clean / dirty

tamam / eksik

complete / incomplete

gün / gece

day / night

ölü / canlı

dead / alive

geniş / dar

wide / narrow

yenilebilir / yenilemez

edible / inedible

kötü / iyi

evil / kind

heyecanlı / sıkılmış

excited / bored

şişman / zayıf

fat / thin

ilk / son

first / last

dost / düşman

friend / enemy

dolu / boş

full / empty

sert / yumuşak

hard / soft

ağır / hafif

heavy / light

açlık / susuzluk

hunger / thirst

hasta / sağlıklı

ill / healthy

yasa dışı / yasal

illegal / legal

zeki / aptal

intelligent / stupid

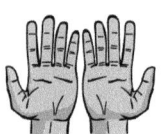

sol / sağ

left / right

yakın / uzak

near / far

yeni / kullanılmış

new / used

hiçbir şey / bir şey

nothing / something

yaşlı / genç

old / young

açma / kapama

on / off

açık / kapalı

open / closed

sessiz / gürültülü

quiet / loud

zengin / fakir

rich / poor

doğru / yanlış

right / wrong

pürüzlü / düz

rough / smooth

üzgün / mutlu

sad / happy

kısa / uzun

short / long

yavaş / hızlı

slow / fast

ıslak / kuru

wet / dry

sıcak / serin

warm / cool

savaş / barış

war / peace

zıt anlamlılar - opposites

0
sıfır
zero

1
bir
one

2
iki
two

3
üç
three

4
dört
four

5
beş
five

6
altı
six

7
yedi
seven

8
sekiz
eight

9
dokuz
nine

10
on
ten

11
on bir
eleven

12

on iki

twelve

13

on üç

thirteen

14

on dört

fourteen

15

on beş

fifteen

16

on altı

sixteen

17

on yedi

seventeen

18

on sekiz

eighteen

19

on dokuz

nineteen

20

yirmi

twenty

100

yüz

hundred

1.000

bin

thousand

1.000.000

milyon

million

İngilizce

English

Amerikan İngilizcesi

American English

Çince (Mandarin)

Chinese Mandarin

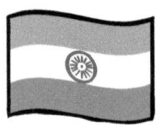

Hintçe

Hindi

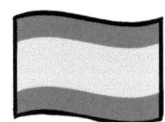

İspanyolca

Spanish

Fransızca

French

Arapça

Arabic

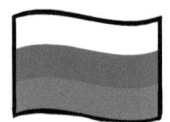

Rusça

Russian

Portekizce

Portuguese

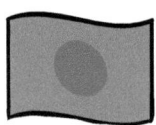

Bengalce

Bengali

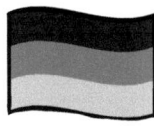

Almanca

German

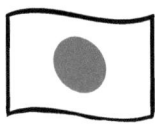

Japonca

Japanese

ben
I

sen
you

o
he / she / it

biz
we

siz
you

onlar
they

kim?
who?

ne?
what?

nasıl?
how?

nerede?
where?

ne zaman?
when?

isim
name

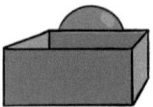

arkasında

behind

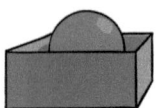

içinde

in

önünde

in front of

üzerinde

over

üstünde

on

altında

under

yanında

beside

arasında

between

yer

place